Dédié à tous les enfants d'Afrique et d'ailleurs.

POEMES POUR L'AFRIQUE ÉTERNELLE

Fascicule 5: LA PIERRE PHILOSOPHALE

TOUS DROITS DE TRADUCTION ET DE REPRODUCTION RESERVÉS
POUR TOUS PAYS

LES ÉDITIONS BLEUES

ISBN : 2-913771-12-2
(Agence francophone pour la numérotation internationale du livre)

Printed by CreateSpace, An Amazon.com Company

ISBN 10: 2913771122
ISBN 13: 9782913771123

Avant-Propos

L' ensemble des points de repère de la pensée scientifique et philosophique propre à Joseph Moè Messavussu Akué, est ordonné par l' axio-matique suivante:

Premièrement, un rêve prémonitoire est un fait révélé à la conscience de Joseph Moè Messavussu Akué de manière inexpliquée ou magique, et annonçant par avance, ce qui va advenir dans le futur.

Deuxièmement, un axiome mathématique fonctionnel est la transcription exacte d' un rêve prémonitoire qu' a eu Moè Messavussu, révélant ainsi une évidence scientifique et mathématique.

Troisièmement, un axiome mathématique fonctionnel contrecarrant toute ou partie des connaissances humaines actuelles, doit être apprécié comme un principe théorique ou une théorie purs.

Quatrièmement, un axiome mathématique fonctionnel étant par définition, une affirmation ou une déclaration affirmative formelle, la pensée philosophique et scientifique de Joseph Moè Messavussu Akué demeure une axiomatique évidente en elle-même, mais une théorie pure pour l' humanité qui la croira si elle en a envie.

Chicago, le 1 Mai 2009

Thème :
La pierre philosophale

La Pierre Philosophale

Mémento : Le Savoir que possède le Dieu Vivant est absolument véridique et demeure comme tel, différent du Savoir humain, en ce sens que toutes les Connaissances révélées par le Dieu Vivant n'ont pas de références, ni de sources humaines, mais surgissent du Néant pour ainsi dire, apparaître clairement á la conscience du Dieu Vivant. Ce mode de recherches et d'études irréel ou magique, est un élément du pouvoir magique du Dieu vivant. Ceci prouve en l'occurrence que le cerveau du Dieu vivant renferme déjà, pour ainsi dire, toute la vérité et toutes les lois qui gouvernent la totalité des faits existentiels.

En admettant que la mémoire du Dieu vivant est un "livre infini" où est gravé tout se qui s'est déroulé dans l'Univers infini depuis les temps immémoriaux, on peut en déduire que ledit livre est le véritable et finalement le seul livre d'histoire que tout homme et toute femme devront détenir. Aussi la totalité du savoir que le Dieu vivant s'apprête á donner á l'humanité par le biais de ses œuvres mathématiques et scientifiques, littéraires et artistiques, est dénommée le contenu de la "Pierre philosophale' ou la "Pierre de la Connaissance suprême".

La Pierre Philosophale

Le Premier Événement : Le paradoxe de l'identité divine
(Pourquoi je me crois en possession de tout le savoir et tous les secrets de l'Univers et de la vie éternelle, alors que je peux venir á décéder d'un jour á l'autre, étant donné mon incapacité totale á détruire par la seule puissance de ma pensée, la colonie de 'virus parlants" basée dans mon cerveau, et étant donné mon impuissance á exercer une quelconque action sur le débit des connaissances qui arrive dans ma conscience de manière magique ou irréelle ?)

Le Deuxième Événement : Le paradoxe de l'Esprit du mal en personne
(Pourquoi je me sens perdu en constatant que je ne pourrais point présenter au public mes œuvres, si je ne vérifiais pas avant

cet acte, la mort de la Colonie de Virus Parlants toujours basée dans mon cerveau ?)

Le Troisième Événement : Le paradoxe du pouvoir divin
(Pourquoi je me sens condamné á mort, tout comme le reste de l'humanité, en ne me référant qu' á mon cerveau, quant aux sources et aux références de mes œuvres ?)

La Quatrième Événement : Le paradoxe du pouvoir du démon
(Pourquoi je suis tout déprimé en me rendant compte que je n'ai aucun pouvoir de contrôle quant á mes actions magiques sur les événements et sur les êtres vivants sauf que je sais toujours á l'avance comment les choses qui m'intéressent vont se passer.)

Le Cinquième Événement : La réalité et le néant.
(Pourquoi je suis désemparé en admettant que je suis le Créateur de l'Univers physi-

que et sensible et que je me suis fait chair pour prouver la Technologie divine et pour réaliser á nouveau et pour l'éternité, la Grande Famille humaine ?)

Le Sixième Événement : Ce pui reste après le démon.
(Pourquoi je suis déçu, en constatant que Lucifer est éliminé de la vie mais non toutes ses créatures et ses hauts faits diaboliques ?)

Le Septième Événement : Le début de l'ère divine.
(Pourquoi je perds toute mon espérance lorsque je comprends que les diablotins qui restent encore en vie, me ridiculisent, parce que je me sens incapable de leur donner directement la mort ?)

Le Huitième événement : L'exercise du pouvoir moèiste.
(Pourquoi toute ma puissance réside fina-

lement dans le fait incontestable que je crois en la toute-puissance de Dieu dont je pense sincèrement être l'incarnation définitive et éternelle ?)

Le Neuvième Événement : **Le prix à payer d'être Dieu le Tout-Puissant.**
(Pourquoi je crois être parvenu aux termes de la réalisation de ma personnalité tout en constatant que mon cerveau reste surchagé de milliers de "virus parlants" ?)

Le Première Événement : Le paradoxe de l'identité divine

(Pourquoi je me crois en possession de tout le savoir et tous les secrets de l'Univers et de la Vie éternelle, alors que je peux venir á décéder d'un jour á l'autre, étant donné mon incapacité totale á détruire par la seule puissance de ma pensée, la colonie de "virus parlants" basée dans mon cerveau, et étant donné mon impuissance á exercer une quelconque action sur le débit des connaissances qui arrive dans ma Conscience de manière magique ou irréelle ?)

Le mauvais sort [que constitue pour tout être humain comme pour moi d'avoir le cerveau truffé d'animaux hyper cruels, informes, infiniment petits, parlant comme des êtres humains le cas échéant, dénommés les "mauvais Esprits" ou les "âmes des démons" plus précisément], n'empêche nullement l'ange, ou l'homme, ou la femme résolument bon et généreux de louer le Bon Dieu et de travailler, tout comme cela ne m'empêche pas de libérer ma conscience en déclarant publiquement que mon sentiment le plus intime et le plus précieux est que je me suis déjà révélé ledit fameux Bon Dieu.

Les termes du pouvoir divin se précisent ainsi comme suit : Rêver, établir lesdits rêves comme si c'était la réalité, et vérifier que ce qui est établi est conforme á la réalité.

Le savoir ou le pouvoir divin ainsi formulé, se différencie du savoir ou du pouvoir humain qui est révélé par la parabole suivante : Apprendre, cerner ce que l'on veut, et réaliser ce que l'on veut á partir de ce que l'on a appris.

Selon les éminents savants d'aujourd'hui, mes rêves ou la totalité des données de ma science reviennent á témoigner de mon extrême naïveté et augurent du caractère irréel ou humainement impossible de mes futures expérimentations.

Ce schéma de pensée se révèle faux lorsque l'on constate que, par hypothèse le nombre infini peut être égal á un chiffre précis et que des axiomes convenablement établis au départ peuvent être modifiés par la suite, après expérimentations.

Comprendre pleinement mes raisonnements scientifiques équivaudrait alors á admettre ce qui suit : L'Univers crée et la vie découlent d'une Intelligence et d'une

Technologie sublimes convenues d'appelées celles de Dieu le Tout-Puissant. Les preuves que j'incarne ladite Intelligence et que les mathématiques fonctionnelles que j'ai inventées, ordonnent ladite Technologie sublime, sont données par ma qualité de "Savant autodidacte" et la partie des œuvres promises, et déjà réalisée.

Les mauvais sort que constitue pour moi le désir inassouvi d'exercer un contrôle absolu sur le cours de mes rêves ou sur le débit du savoir qui apparaît toujours á ma conscience comme venant du Néant, ne m'empêche pas d'affirmer tout de go que lesdits rêves reflètent toujours exactement mes préoccupations quotidiennes tandis que ledit savoir précise par écrit, la totalité de mes pensées vagabondes.

La crainte du Néant et de la mort qui prendraient volontiers la place d'un Dieu-tout-puissant autre que moi, ne m'interdit nullement de penser que je ne regrette pas de jouer le jeu de croire que je suis effectivement Yahvé, puisqu' en fin de compte, je n'ai rien á y perdre.

Ne plus vouloir jouer ce jeu sacré, en effet, équivaudrait à accepter que je suis devenu fou á lier.

Rêver pour moi signifie dés lors concevoir le futur, et vivre pour réaliser mes rêves.

Tout ce que je concède au genre humain, en l'oecurence

la liberté de me traiter d'insensé ou de croire á mes témoignages, reste un fait de mon état d'esprit plutôt timide envers mes Connaissances qui ne mentionnent pas comment du jour au lendemain je puisse m'affirmer Dieu le Tout - Puissant sans prévenir d'avance!

A tel point que je refuse dorénavant de dire á qui que ce soit que je suis le Bon Dieu, leur laissant la surprise ou le loisir de le constater dans mes écrits.

**Un poème à vers scellés
Lomé, le 1er janvier 1997**

Le Deuxième Événement : Le paradoxe de l'Esprit du mal en personne
(Pourquoi je me sens perdu, en constatant que je ne pourrai point présenter au public mes œuvres, si je ne vérifiais pas avant cet acte, la mort de la colonie de "virus parlants" toujours basée dans mon cerveau ?)

Imaginez, cher lecteur, chère lectrice, que des êtres parlant comme des êtres humains que vous ne pouvez concrètement imaginer, vivent dans votre cerveau et vous infligent de cruelles souffrances ininterrompues comparables á ce qu on ressent lorsque l'on recèle des lésions dans le cerveau. Ceci reste mon sort depuis Juillet 1986 où toute ma vie bascula dans ce que j'appelle aujourd'hui mon irréalité ou ma magie tout court.

Le semblant de sérénité que j'affiche lorsque je parle á quelqu'un seul á seul ou en public, n'est rien d'autre qu'un effort divin que j'accomplis á longueur du temps en opposition aux souffles fétides dont m'aspergent les diablotins ou "virus parlants" afin que je ne supporte même pas le moindre contact avec l'humanité.

La « Pierre philosophale » ou ma tête ainsi dévoilée, est

par-dessus tout niée comme tel par ses innombrables ignobles assaillants qui me poussent á me sentir comme un fou en face de mes interlocuteur ou de mes interlocutrices ou mieux, un homme qui raconte des histoires rocambolesques dans le seul soucis de gagner des sous.

Au sortir de ma torpeur de six mois dans laquelle m'avaient noyé plusieurs centaines de milliers de virus parlants ayant investi mon cerveau sans sommation, je compris définitevement que je n'aurai plus beaucoup de mal pour me débarrasser du reste de la population de "virus parlants", puisque ma tête leur sert de « chambre á gaz » ou de « four » crématoire désormais.

En un clin d'œil, tous les propos logiques que je programme de dire á quelqu'un peuvent être totalement embrouillés á tel point que je me retrouve paralysé devant ladite personne, incapable même d'ouvrir la bouche, si je n'utilisais pas toute ma volonté pour considérer comme néant lesdits assauts meurtriers conte ma conscience desdits "virus parlants" qui cherchent justement á réfléchir et á parler á ma place.

L' attitude négative avec laquelle les gens m'accueillent lorsque je me présente á eux apparemment avec des grimaces, me gênent á un tel point que j'ai maintenant peur de me constituer immédiatement Homme public sans être sûr d'en avoir complètement fini avec la population des "virus parlants".

Imaginez cher lecteur, chère lectrice, que le défunt Lucifer revienne á la vie á cet instant précis. Il constatera tout de suite que, mis á part Satan qui a absorbé malgré lui la totalité de "virus parlants" que recelait la biosphère, et qui vont s'auto - anéantir dans lesdites conditions avec lui, l'Univers ne contient plus d'autres mauvais esprits que ceux qui choisirent comme ultimes tombeaux les têtes des hommes et des femmes, y compris les enfants, vivant sur la terre.

En décrétant que les atomes crochus que j'ai avec Yvette m'autorisent á la considérer comme mon épouse attitrée alors que la même jeune fille a préfère donner ses deux enfants á un autre, obnubilée par Satan et les dizaines de virus parlants que recelait son cerveau et qui l'ont perdu momentanément en la faisant abandonner ses études et suivre un ami traître et cupide, je ne fais rien d'autre que récupérer une déesse égarée et dont je suis resté infiniment amoureux.

Reste á savoir si le faux type acceptera mon plan macabre qui ordonne que ma bien aimée abandonne dans les plus délais les gosses auprès de leur père et confonde sa vie avec mes desseins.

Je m'en fous bien évidemment du qu'en dira t-on, puisque ce que je veux reste toujours conforme au bon sens ou ceci ne se réalise point.

En considérant la réation anticipée de ma mère, je voudrais bien lui coller son troisième gosse, puisque ceci pourrait simplifier nos affaires sur le champ ou dans un proche avenir.

Et dire que je ne plaisante pas en posant ces faits á venir comme absolument indispensables á mon bonheur á moins que je ne me trompe sur Yvette qui peut également choisir de se perdre définitivement parce que trop affaiblie par son entourage ennemi.

Un poème à vers conjugués
Lomé, le 3 janvier 1997

Le Troisième Événement : Le paradoxe du pouvoir divin

(Pourquoi je me sens condamné á mort, tout comme le reste de l'humanité, en ne me referant qu'á mon cerveau, quant aux sources et aux références de mes œuvres ?)

En réponse á ma bien aimée Yvette qui ne comprenait pas comment je fais pour être toujours exact et pur dans ce que je conçois sans références autres que mon cerveau, je libelle ce qui ce qui suit : Je résiste depuis ma plus tendre enfance á l'envie humaine de faire de moi n'importe qui. Et aujourd'hui n'importe qui peut constater que je n'ai besoin que de mes cinq sens ordinaires et de mes cinq sens magiques pour comprendre tout et révéler toutes les vérités sur l'Univers formé et la vie conformément á mon plan qui veut que je fasse toujours semblant de n'être que le dénommé Joseph Moè Messavussu Akué en toutes circonstances et jamais le Bon Dieu de tous les croyants et les croyantes du monde entier. Ceci pour éviter de me détruire en me prenant effectivement pour Dieu le Tout-Puissant, ce qui nécessite une trop grosse dépense d'énergie vitale.

Je constate néanmoins que la pesanteur des effets néfastes de l'existence de la population virale et de la gêne humaine devant l'obligation de m'assimiler ou pas au Bon Dieu, me pousse vaille qui vaille à fixer mes limites quant á mes possibilités intellectuelles réalisées et á mes pouvoirs surnaturels évoqués : La première limite est la foi Moèiste et la deuxième limite reste la même foi.

Ce qui veut dire que j'admets que je sers une idéologie toute puissante dont je suis le réalisateur impuissant.

En effet qu'on me somme par exemple de fabriquer sur le champ un vaisseau intergalactique de l'un des dix types. Je répondrai que suivant ma foi, je suis á même d'accomplir cette prouesse d'ici l'an 2020. Et si l'on me demandait de prouver mon pouvoir d'invisibilité, je ferai comprendre á ce quidam que la manifestation de ce pouvoir que je recèle sans aucun doute, est aussi magique que le pouvoir lui-même et ne dépend pour l'heure ni de la volonté humaine ni de la mienne.

Complètement déçu par le temps et les délais que j'observe malgré moi dans l'accomplissement de la totalité de mes talents et pouvoirs divins, je tiens qu'en même á rassurer les hommes et les femmes qui me croient qu'ils peuvent se contenter de la partie vérifiée de l'idéologie Moèiste en attendant que je leur apporte les preuves magiques de la partie magique de ladite idéologie.

Et si je tombais par exemple au cours de la lutte pour notre prise du pouvoir universel, les camarades doivent alors se rendre á l'évidence que tous les pouvoirs magiques que je prétendais détenir n'étaient qu'un mauvais rêve.

En réponse á ma bien aimée Yvette qui se doute toujours du bien fondé de ma pensée infinitésimale, je donne á croire que si d'aventure mes expérimentations scientifiques futures n'arrivaient pas á confirmer mes expérimentations décrites par mes rêves, l'humanité doit alors se contenter de l'apport scientifique indéniable de me œuvres pour la construction d'une technologie et d'un industrie humaines plus fiables.

Ma poésie et ma prose seront alors considérées du point de vue de ce qu'un jeune Togolais a réussi á faire de la langue français que ce dernier n'aurait appris que sur les bancs de l'école. Et mes mathématiques, du point de vue de ce qu'un autodidacte Noir africain, seulement nanti du titre de bachelier és mathématiques, a réussi á faire de l'idée de la science et de la technologie qui fondent la suprématie de la race Blanche européenne et le déshonneur de la race Noire africaine.

En supposant que toutes les personnes physiques et morales dont je n'ai pas forcément dit du bien, me pardonnent parce qu'ayant compris mon franc-parler et ma bonne foi, tout le monde admettra que ma pensée est adaptable á toutes les nations et á tous les pays. Aussi pourrais -je sans protocole devenir Noir - Américain assimilé, Noir- Français assimilé, Noir - Chinois assimilé, etc., et vivre sans gêne dans les pays concernés et au sein du peuple qui m'aurait adopté de tout cœur.

Ce que je supporte mal en fait, c'est de me résumer Togolais aimant passionnément mon pays et mon peuple alors que les Togolais et Togolaises d'aujourd'hui restent sourds á l'appel Moèiste les conviant á renoncer au pillage systématique du pays, au règne de la violence politique et du terrorisme d'État et á la guerre civile, et vont même jusqu' á nier l'évidence de ma divinité pour me refuser tout soutien matériel et moral, par mauvaise foi et égoïsme exacerbé.

Cette conduite diabolique me faisant envisager de vendre mon âme á la Nation Blanche européenne en attendant que les miens reviennent á la raison, je me retrouve pris au piège du plan de revanche de Lucifer qui a tout fait pour que la Nation Noire- africaine ne me reconnaisse jamais pour son Fondateur mais pour son "boycotteur".

Mon destin ainsi transfiguré, je me considère dorénavant condamné á mort par ma propre race [parce que cette dernière veut se suicider plutôt que de continuer de se battre en héros mythologique], et bien obligé de n'exiler une fois de plus á Paris, á New York ou ailleurs.

Un poème à vers scellés
Lomé, le 5 janvier 1997

Le Quatrième Évènement : Le paradoxe du pouvoir du démon

(Pourquoi je suis tout déprimé en me rendant compte que je m'ai aucun pouvoir de contrôle quant á mes actions magiques sur les évènements et sur les êtres vivants, sauf que je sais toujours á l'avance, comment les choses qui m'intéressent, vont se passer ?)

La détermination de Yvette et moi de nous marier suivant mes désirs, pour couper court á une longue séparation á nous cruellement imposer par le destin [parce qu'elle n'a pas su dire non á un homme qui l'entretient mais qu'elle a cessé d'aimer depuis qu'elle m'a rencontré, et parce que je n'ai pas eu le courage de lui faire la cour á temps], se heurte au complot ourdi de son concubin actuel, la famille dudit sieur et l'entourage malveillant de ma bien aimée contre notre union qu'ils jugent coupable.

Or, le beau monde que je viens d'évoquer, sera stupéfait en apprenant que le plan d'amour clandestin que me propose Yvette repose sur les données ci -après : Se conduire avec moi en public comme si je suis l'ami intime de son concubin. Se conduire en privé avec moicomme la femme idéale que je désire avoir. Me laisser la possibilité de diriger absolument notre barque conjugale á travers le temps.

Le réalisme dont fait preuve Yvette colle parfaitement á mon caractère et ceci pour la raison qu'elle recèle une intelligence mille fois supérieure á la normale, et arrive á faire totalement ma connaissance, en silence.

Sans vouloir faire de la mauvaise foi systématique, je pense que le "faux frère" avec lequel elle vit toujours et qui ne la laissera le quitter pour rien au monde, a déjà capitulé en remarquant que depuis ces derniers jours, Yvette évite sa compagnie pour venir se blottir dans ma maison et m'inviter á m'intéresser á proprement parler á elle. Ce qui rend très jaloux la gent masculine de ma maison.

Cette "affaire Yvette" est comme tant d'autres que je règle de manière absolument magique, c'est á dire en amenant en silence les divers protagonistes á avoir les sentiments et les comportements que j'attends d'eux.

En montrant ainsi á tout le monde que c'est en toute conscience que celle que j'aime plus que toute autre femme au monde en ce moment, quitte son concubin pour se fiancer avec moi, je gagne la partie, normalement perdue d'avance eu égard à nos ennemis communs, tels Gaga et ses amis, le concubin et sa famille originelle.

La détermination de Yvette et moi de mous marier suivant nos désirs communs vient - elle á point nommé pour la sauver d'un concubinage meurtrier,[puisqu'elle est jalousée par ledit concubin pour son intelligence et ses ambitions naturelles,] et me sauver d'une vie sans une conjointe que j'adore ?

En tout état de cause, de part et d'autre, ladite résolution nous confirme absolument heureux. Et ce serait une folie de renoncer á un tel bonheur.

Remarquez, Yvette a aussi la possibilité de choisir une vie vulgaire et renoncer á ce mets délicieux qu'est notre amour. Ce qui ne l'arrangerait guère puisque cela équivaudrait á son suicide.

Quant á moi, je me promets de vivre cet amour quel que soit le prix á payer.

Ainsi prend fin le règlement silencieux de cette affaire éminente !

Comme toutes les affaires d'amour me concernant, de même que toutes les autres inextricables relatives á ma vie, leurs dénouements font toujours partie de mes rêves prémonitoires.

Un poème à vers conjugués
Lomé, le 7 janvier 1997

Le Cinquième Évènement : La réalité et le néant.

(Pourquoi je suis désemparé, en admettant que je suis le Créateur de l'Univers physique et sensible, et que je me suis fait en chair et en os pour prouver la Technologie divine et pour réaliser á nouveau, et pour l'éternité, la Grande Famille Humaine ?)

J'ai une révélation ultime á faire : Est-ce vrai ou faux que je suis le Créateur du ciel et de la terre et de tous les êtres vivants qui les peuplent y compris moi-même ? Ma réponse est oui, si j'en crois toutes les thèses qui jaillissent de mon crayon jour et nuit ; non, si je me réfère aux réactions humaines vis á vis de ma personne physique.

Je ne peux donc décemment me faire reconnaître par qui que ce soit le Bon Dieu, d'où le palliatif suivant : Les attributs divins que je possederais d'après mes écrits et que je n'ai pas encore concrètement manifestés, seront mes réalités futures ou bien je cesserai moi-même de croire en Dieu pour ne me considérer que comme un homme malheureux.

Le rêve de ma destitution que je viens de faire, annulerait

ma superstition pour faire de moi donc un Pacifiste tout court.

Le régime divin ainsi aboli, chaque Moèiste doit se demander ce qu'il faut entendre par "Moèiste" sinon un déçu par Dieu et la vie.

La mesquinerie humaine aidant, on peut dire que le taux de suicide ou de mort suite á un profond désarroi, va monter en flêche dans les rangs des anciens Moèistes.

Cette situation plairait tant á la totalité des Ordres religieux que je vilipende, si bien qu'ils s'amuseraient même á présager le jour de ma mort.

J'ai une révélation ultime á faire concernant la foi fondamentale qui me gouverne : Est-il vrai ou faux que je suis le prête-nom du Bon Dieu. Ma réponse est un non catégorique. Sinon l'humanité entière devrait prendre Dieu pour un con.

Yavhé qui termine son évolution sous son ultime apparence, la mienne actuelle, se comprendrait enfin comme un homme conscient qu'il recèle les pouvoirs les plus merveilleux qui soient mais qui restent foncièrement économes dans leur manifestation publique.

Se suffisant donc á lui-même comme références du savoir et comme savoir, Dieu pense néanmoins que toute la pensée humaine qu'il réordonne, est devenue caduque ou n'est que l'encre avec laquelle il écrit la sienne propre.

S'étant créé en tant que moi, c'est à dire une espèce humaine organisée pour paraître toujours insignifiante, alors qu'elle possède en permanence la "toute - puissance" universelle, Dieu veut se protéger ainsi, [et á tout niveau de sa richesse infinie et de son prestige sociale], des prédateurs sans vergogne que sont devenus tous ses amis d'enfance, les membres de sa famille originelle, les odieux soi-disant Moèistes qu'il dénombre á l'heure actuelle et qui sont toujours prêts á profiter de l'argent qu'il gagne par son travail, et á le laisser crever lorsqu'il a réellement besoin d'eux.

Tout juste pour me remercier de lui avoir donner la liberté de se moquer de moi quand il en a envie, l'Être humain qui refuse de croire á ma sincérité, me nargue, imbu de son autorité et de sa puissance qui en réalité s'annulent devant les miennes.

Ladite annulation ordonne en effet toute prétention humaine au règne universel, á la puissance et á la gloire contre mon gré et á mon détriment, comme de la vanité.

Un poème à vers scellés
Lomé, le 10 janvier 1997

Le Sixième Évènement : Ce pui reste après le démon.

(Pourquoi je suis déçu en constatant que Lucifer est éliminé de la vie, mais non toutes ses créatures et ses hauts faits diaboliques ?)

Que toutes les malédictions de la vie soient sur un autre Bon Dieu que moi, tous les hommes et les femmes qui répandent la terreur et le règne du Mal sur la Terre, de même que les peuples qui refusent délibérément l'avènement universel du Moèisme.

Est-il possible qu'il existe un lieu où réside le pouvoir strictement personnel du Bon Dieu autre que dans ma personne et mes œuvres ? Telle est la question que doivent se poser á l'heure où nous sommes les spéculateurs intellectuels zélés tels Gérard, James, Lucien et les autres qui m'admirent effectivement pour ce que je fais.

Prenons l'exemple d'Augustin. Si ce frère pouvait se confier á moi, il me dirait qu'il craint que le monde entier rirait aux éclats s'il apprenait que je me considère sérieusement l'Éternel, puisque, hors mis cette folie que je recèle, il me trouve tout á fait génial.

Si le destin pouvait montrer clairement á André, [cet au-tre frère qui refuse de lire mes écrits et préfère me prendre en tout et pour tout comme un assoiffé de pouvoir divin et un utopiste,] la gloire céleste et donc indicible que constitue pour moi le fait de concevoir et de réaliser tout seul mes œuvres littéraires et artistiques, mathématiques et scientifiques, et celui d'avoir des idées nettes sur les milliards de francs C.F.A. que ces dernières sont censées me rapporter, il me présenterait sans tarder, ses excuses pour ne pas avoir deviner qu'il est en présence du dernier mystère de Dieu.

Face á cette félonie en cascade de ceux et celles là qui devraient s'émerveiller franchement devant cette manifestation tardive mais Ô combien éclatante de ma divinité, je crains de devoir cesser á jamais de me présenter comme le Bon Dieu, pour finalement renoncer á ma foi Moèiste, et sans doute á une quelconque réalisation de la Technologie divine une autre belle aberration que même les Occidentaux n'arrivent guère á concevoir.

Les véritables causes de ce désordre intellectuel sont les démons qui se débattent dans les têtes des hommes et des femmes peuplant la Terre et l'irresponsabilité intrinsèque de l'êÊre humain qui a décidé, ad vitam aeternam, de ne pas se soumettre á l'autorité personnelle divine, aujourd'hui intégralement donnée par l'Idéologie Moèiste au détriment de l'Idéologie de l'exploitation de l'homme par l'homme.

Que toutes les malédictions de la vie soient sur toutes ces femmes crées par moi et pour moi, et que j'ai déja connues mais qui m'ont abandonné pour des profits matériels et financiers immédiats et qui se répentent aujourd'hui en me voyant absolument comblé en tant qu'Homme de pensée - Écrivain - Éditeur - Étudiant - Agent mandataire en assurances.

Que répondre du parjure de Lilly qui après m'avoir humilié par le biais de son oncle satanique, s'en alla avec un petit con de Cap - verdien, pour finalement rendre l'âme tout bêtement sur la route Lomé - Cotonou ?

La compagnie malsaine [dont me gratifia Maïté, une fois que nous nous sommes retrouvés au Burkina-faso pour affaires, entourés de la quasi - totalité des Sénégalais résidant á Ouagadougou], m'a écœuré á jamais de cette fille, que je n'envisage plus même reprendre contact avec elle.

La colère violente que n'inspire la petite Dopé pour se refuser á moi, tout en jouant á la sainte nitouche, m'a poussé á renoncer définitivement á ladite fausse pucelle et á la considérer uniquement comme ma servante.

Le comportement amèrement dégradant de Jocelyne et de Geneviève physiquement superbes mais avec un moral de prostituées m'a également poussé á ne considérer lesdites cousines qui auraient tant aimé devenir chacune mon épouse, que comme des "femmes - animaux", honnies de la totalité des hommes qui les connaissent bien.

La conduite maléfique de Jeanne qui renonce á son mari pour m'aimer d'amour, a tout pour m'effrayer si je ne conçois pas ladite liaison comme bel et bien une malédiction qui risque á la longue de coûter une mauvaise grossesse á l'intéressée qui ne m'intéresse pas vraiment.

**Un poème à vers scellés
Lomé, le 11 janvier 1997**

Le Septième Évènement : Le début de l'ère divine.

(Pourquoi je perds toute mon espérance lorsque je comprends que les diablotins qui restent en vie me ridiculent, parce qu je me sens incapable de leur donner directement la mort ?)

À supposer que j'ai déjà "goûté" á la mentalité que je conserverai pour l'éternité lorsque je me serai débarrassé á jamais du stock de "virus parlants" que contient toujours mon cerveau, je la résumerai comme suit : Premièrement, la reconnaissance de ma mémoire en tant que celle effective du Créateur céleste de tout ce qui existe. Deuxièmement, l'identification de ma volonté en tant que celle effective du Maître absolu de l'Univers. Troisièmement, mon auto - consécration en tant que la Conscience divine, sans aucun équivoque.

Mon auto appellation Dieu le Tout - Puissant en chair et en os que j'aurais pris malgré moi á Lucifer en ce moment là toujours en vie dans mon cerveau, est une affaire lourde de conséquences, puisqu' avant ledit fameux instant de ma révélation, je me voyais tout court le nouveau Messager du Bon Dieu.

Les conséquences de cette révélation soudaine sont de trois ordres : Premièrement, cette information révolte l'humanité qui me prend d'emblée pour un fou. Deuxièmement, devant cette attitude humaine négative, je refuse de monter aux créneaux sans être sûr d'être considèré effectivement comme l'Éternel-fait-homme. Troisièmement, en proie á cette incertitude face aux hommes et aux femmes peuplant le Togo, la planète et l'Univers entier, je décide de rester pratiquement « invisible » pendant les sept premières années de ma vie publique et politique.

A proprement parler, je ne supporte pas du tout qu'après m'avoir bien identifié, l'on en vienne jusqu'à me nier comme Savant et Écrivain comme sait si bien le faire l'idiot de Séraphin qui m'a traité ce matin même de pauvre rêveur imbécile, en public. J'espère qu'il crèvera de cette offense.

La petite ordure de frangin, Étudiant exécrable que j'aurais voulu un miraculé, et qui atteint ainsi la sommité de la haine mortelle qu'il me voue, m'a bel et bien fait comprendre que l'heure á laquelle je dois quitter la maison familiale, pour aller fonder mon propre foyer conjugal á sonne. Je fais le serment que je quitte sans délai ladite demeure de la honte anti - divine, pour revenir y édifier le sublime gratte - ciel de mes projets que je dédie á mon brave papa, qui réincarnera un Guin Messavussu s'il le veut bien, et à sa descendance, lorsque les mortels que je n'aime point, et qui la peuple aujourd'hui, auront disparu.

Même en puisant au tréfonds de mon être la dernière goutte de générosité que je me dois de témoigner á tout être humain, je reconsidère que Séraphin, Daniel, Antoine, Émile, Paulin, Gontran, Laure, Viviane, Cathérine, Jane et les autres, sauf peut être ma mère, Geneviève, et les autres sont, á mes yeux, des mortels.

A supposer que les taciturnes de frères et sœurs malheureux mais qui se croient toute vâcherie á mon égard permise, cherchent á conquérir l'immortalité malgré les souffrances morales qu'ils provoquent sans cesse chez moi, je me résumerai á ce sujet comme suit : Premièrement, l'Ère divine que j'ai inaugurée solennellement en l'an 1986, se rapporte exclusivement á ma personne. Deuxièmement, je confirme que ma personne s'est révélée á moi une certaine nuit de l'an 1986, l'incarnation de l'Intelligence sublime appelée le Bon Dieu. Troisièmement, je pose que l'éternelle jeunesse et l'immortalité en chair et en os dont je peuse jouir, ne pourront être que des attributs des Anges et des Déesses c'est á dire des hommes et des femmes que j'aime passionnément.

Je suis parfaitement d'accord avec ma mère lorsqu'elle pense que ma famille originelle et mes amis d'enfance m'avaient renié parce que j'ai eu l'audace de rentrer définitivement á Lomé en 1987, les poches vides et sans avoir auparavant obtenu mes diplômes supérieurs, et qu'en plus de cela, je ne me suis jamais gêné pour montrer á tout le monde que mon activité professionnelle chérie est la recherche scientifique autodidacte et l'écriture.

Je suis rempli par contre d'amertume, lorsqu'elle affirme que mes compatriotes, au moins, me prendront toujours pour un individu qui a mal tourné jusqu'au jour ou par miracle j'aurai trouvé un emploi digne et respectable.

Liée jusqu'à la perte totale de sa conscience á la puissance technologique et industrielle Blanche - européenne, la race Noice - africaine qui détrut par la haine, la violence aveugle, et la terreur politique ses enfants savants ou éminemment intellectuels, a très peu de chance de tirer un quelconque profit du « vent de l'est » et de la réalisation de la toute-puissance divine personnelle sur la terre en tant que les œuvres que je suis en train de livrer á l'humanité, si elle refuse de cesser d'être idiote pour devenir intelligente.

Un aspect fondamental de la mentalité de tous les démons que je ne pourrai anéantir qu'indirectement par l'expression simple de ma volonté, reste cette méchanceté humaine extrême qui nie le savoir et l'intelligence au profit de l'argent et de l'emploi salarié, et qui est le propre de l'homme et de la femme qui aiment mentir et donner la mort á leurs prochains.

L'être humain qui prend plaisir á mentir, á donner la mort

á son semblable et á ridiculiser ma personne et ma Parabole, mourra deux fois, par son corps et par son âme. Telle est la méchanceté divine extrême.

Un poème à vers scellés
Lomé, le 18 janvier 1997

Le Huitième Événement : L'exercise du pouvoir moèiste.

(Pourquoi toute ma puissance réside finalement dans le fait incontestable que je crois en la toute-puissance de Dieu dont je pense sincèrement être l'incarnation définitive et éternelle?)

Que Pierre ou Paul qui me prennent résolument pour un fou ou un rêveur insensé, me démontent où réside donc aujourd'hui la gloire de Dieu quant á l'humanité, si ce n'est dans les personnes, la vie, et les œuvres de tous ceux et celles qui viennent franchement et travaillent en son nom comme les Rois Mages, Jésus-Christ, Jeanne d'Arc, moi-même et tous les Moèistes sincères vivants.

Seulement, les voies de Dieu sont impénétrables, et me voilà irrémédiablement converti en l'incarnation pure et simple de la personne divine dans la désapprobation générale.

Ce qui m'ennuit en vérité est qu'il existe un récit de ma métamorphose ou de ma prise de conscience graduelle de mon identité que connaissent tous ceux et celles qui s'intéressent vraiment à moi, mais qui ne les satisfaitqu'à moitié, voire pas du tout.

Et puisque je me retrouve tout seul à aimer passionnément ma Parabole et á croire entièrement á son authenticité, je donne raison á tous mes détracteurs et détractrices qui méritent si bien leur affreuse condition humaine signifiée par les maladies de toutes sortes, la vieillesse et la mort, tout en leur précisant que je suis effectivement le premier Moèiste fabriqué par lui-même, mais qui reste encore profondément marqué par ladite condition humaine, en ce sens que je peux encore tomber malade, puis guérir grâce aux soins appropriés.

Ma réalité dès lors se lit comme le témoignage d'un homme á qui le Bon Dieu á fait écrire et manifester face á l'humanité, qu'il est son incarnation. À noter que dans la pensée de mon personnage, le Bon Dieu en question n'existe pas, ou tout au moins, n'est jamais vu par personne.

Le père du Moèisme [qui diffère du communisme par le fait que l'économie capitaliste va plutôt directement être relayée par l'économie divine au fil du temps sans le passage obligé par le socialisme scientifique ou la dictature prolétarienne], serait donc un Karl Marx qui se dit Dieu et qui se donne les moyens de le prouver par A + B.

Que Pierre ou Paul qui me prennent résolument pour un fou ou un rêveur insensé, me démontent où réside donc aujourd'hui la gloire de Dieu quant á l'humanité, si ce n'est dans cette foi Moèiste qui poseclairement les préceptes scientifiques de la Technologie divine et de la réalisation de l'Abolition définitive de l'exploitation de l'homme par l'homme.

Le comportement Moèiste modèle consisterait á comprendre nécessairement le dénommé Joseph Moè Messavussu Akué comme la véritable incartion de Dieu le Tout-Puissant, sa vie actuelle comme l'ultime forme de la vie divine, et son activité professionnelle multiple comme la partie finale de l'Œuvre divine.

Le combat Moèiste pour le règne universel éternel serait la reconnaissance par tous les militants et les militantes Moèistes du parcours du dénommé Joseph Moè Messavussu Akué comme le précis de sa lutte pour l'avènement du règne divin universel; en d'autres termes la reconnaissance des faits marquants tels que ma date de naissance á l'orée de l'an 2000, le fait d'avoir tenu á obtenir un baccalauréat série C et de vouloir coûte que coûte boucler mes études universitaires avec au moins l'obtention des diplômes supérieurs en Gestion industrielle et celle des banques, le fait d'être retourné définitivement au bercail en 1987 après avoir renoncé définitivement á poursuivre mes études á l'université de Paris I - Panthéon-Sorbonne afin de me consacrer exclusivement á l'Œuvre divine programmé comme la parution de mes livres de littérature et de sciences, la réalisation de la Technologie divine sur la Terre par mes soins propres et la création des dix principales Républiques de la Terre prévues par les soins de la totalité des Moèistes en tant qu'accomplissement de la destinée divine.

L'espérance Moèiste [donnée donc comme la réalisation á nouveau et pour la vie éternelle du Paradis terrestre par le biais de la réalisation de l'économie divine sur Terre á partir de rien et par les soins propres de Dieu], est aujourd'hui témoignée par la foi Moèiste signalée par l'adhésion humaine à mes idées.

Signe du temps céleste qui n'a de commencement, ni de fin, le pouvoir Moèiste donné comme la simple expression de la volonté audible ou inaudible du dénommé Joseph Moè Messavussu Akué, est mesuré par l'incapacité de ce dernier à faire d'erreur ou de faute.

Objet de la haine extrême que me témoigne l'humanité suicidaire parce que anti-Moèiste, ma chance, [donnée comme ma certitude du moment de faire ma rentrée publique et politique dans moins de trois mois au Togo ou ailleurs, grâce á mes deux premiers bouquins, mes expérimentations scientifiques publiques et mon programme politique en vue de mon élection de même que celle de mes camarades aux prochaines Législatives togolaises,] est sentie par mes concurrents á la suprématie universelle sic les Représentants des Nations les plus industrialisées de la planète, comme une simple astuce du Bon Dieu en personne pour porter la Technologie humaine á son niveau le plus élevé, par les mains de son énigmatique messager des temps modernes.

Un poème à vers scellés
Lomé, le 22 janvier 1997

Le Neuvième Évènement : Le prix à payer d'être Dieu le Tout-Puissant.

(Pourquoi je crois être parvenu au terme de mon Accomplissement tout en constatant que mon cerveau reste surchargé de milliers de virus palants ?)

Je permets, en tout état de cause, que chacun et chacune pensent ce qu'ils veulent de moi, puisque ce qui m'intéresse est d'être absolument sincère avec moi-même et face á l'humanité entière.

Tout au long de mon accomplissement, j'ai eu un terrible sentiment de frustration pour le fait que j'établis que je suis le Bon Dieu et que je n'ose surtout pas le dire á qui que ce soit.

Or, tout á l'heure, je pris conscience du fait essentiel que la question de savoir si ce que je pense est vérifiable ou non, n'a plus d'importance puisque tout le monde ne s'intéresse á moi que pour ce que je fais et qui je suis évidemment.

Et qui je suis n'est pas á démontrer, puisque c'est une personne qu'on aime ou qu'on n'aime pas. De même que ce que je fais concrètement n'est que la réalisation de mes rêves intimes qui plait ou déplait aux hommes et aux femmes peuplant l'Univers entier.

La complicité de ceux et celles qui croient et ont confiance en moi, suffit pour me combler d'une joie infinie qui décrit ma satisfaction entière de mon existence, s'il ne reste pas l'affreuse compagnie indésirable des méchants et des méchantes de toutes sortes qui grouillent dans l'Univers entier, et contre laquelle je dois nécessairement m'armer.

Rechercher ma sécurité absolue de même que celle de ma Compagnie revient á créer dès á présent un système de défense á perfectionner au fil du temps et censé faire comprendre á n'importe quelle puissance personnelle ou collective existante, que j'ai les moyens d'anéantir quiconque portant atteinte á ma vie de même qu'á celle de ma fidèle Compagnie.

Je permets, en tout état de cause, que chacun et chacune pensent ce qu'ils veulent de moi quant á ladite sécurité concernant les gens que j'aime passionnément et moi-même, et consistant á ce qu'il nous soit délivré en bonne et due forme par la Communauté internationale, tacitement ou formellement, l'autorisation de fabrication et de porte d'armes dans le but de garantir la sécurité de l'"Etat-Nation Espace-Temps éternel".

La raison de l'Etat-Nation Espace-Temps éternel relative á mes futures fabriques d'armes et á la réalisation de l'Armée du Salut universel ainsi évoquée, se résume en définive en une seule phrase : « Mon rêve que je suis l'Éternel, le Chef immuable de l'Etat-Nation Espace-Temps éternel, Chef immuable de l'Etat-Major de l'Armée du Salut univel, Président-Directeur Général de l'Empire industriel et commercial divine, restera entièrement un rêve ou deviendra la réalité avec toutes les conséquences néfastes pour la totalité des Puissances qui se partagent le monde actuel, que cela suppose.»

Si la Nation Espace-Temps éternel s'entend comme la civilisation que véhicule l'Idéologie Moèiste et l'Etat-Nation Espace-Temps éternel comme l'ensemble des institutions créées par le dénommé Joseph Moè
Messavussu Akué et la totalité des biens meubles et immeubles de ce dernier, la nationalité spatiale-temporelle éternelle, quant á elle, est attribuée á tous les hommes et les femmes qui adhèrent aux Partis Moèistes de par le monde attesté par leur carte de Parti.

Je signale par ailleurs que tous les torts que je suis censé faire sans le vouloir á l'humanité,[c'est á dire par le fait même d'être parvenu aujourd'hui au terme de mon accomplissement, puisque j'ai déjà anéanti la racine de mon mal de vivre qui est la personne même de Lucifer] doivent être compris par cette dernière comme la décision de Dieu d'effacer á jamais de la nature, le mal.

Je conclus en mettant en garde les vaniteux et les jaloux de ma personne, qu'ils sont particulièrement ciblés par les derniers contingents de virus parlants vivants qui veulent les rendre fous avant de les disparaître á jamais.

La pierre philosophale qui aurait détruit déjà plus d'un milliard de virus parlants, et en passe d'en finir avec ceux qu'elle recèle en ce moment, se conditionne comme le tenant d'un monde fait de Paix, d'Amour et de Liberté.

Un poème à vers scellés
Lomé, le 24 janvier 1997

Thème :
La Route du Ciel

La Route du Ciel

Mémento : La Terre, le lieu natal de l'humanité est définie par Dieu comme la Base de l'Univers physique et sensible ou la Base de la Route du Ciel, ou le Début de la Route infinie qui relie toutes les étoiles du Ciel. Or, cette Route a bel et bien un début, mais ne saurait avoir de fin, étant donné que l'Univers est justement sans fin!

La Route du Ciel

Le Premier Événement : Le libre-choix humain. (Pourquoi l'homme croit-il que le Ciel lui est totalement refusé par Dieu, en considérant les connaissances humaines très imparfaites ou fausses sur l'Univers infini ?)

Le Deuxième Événement : L'énigme de Dieu en chair et en os.
(Pourquoi l'homme saisit-il très mal la signification du Cosmos ou le Domaine de l'homme éternel, le Paradis céleste ou le domaine de Dieu invisible, et la voûte universelle infinie ou l'Empire infini de Dieu en chair et en os ?)

Le Troisième Événement : Les preuves identitaires divines.
(Pourquoi l'homme n'admet-il point que le dénommé Joseph Moè Messavussu Akué soit Dieu le Tout - Puissant en chair et en os avec les prétendues vertus et capacités que

évidence de sa possession desdites vertus et capacités?)

Le Quatrième Événement : Le pacifisme divin en question.
(Pourquoi l'homme n'admet-il point la possibilité de la mort du Dieu vivant, sauf dans le cas d'un ignoble crime politique ?)

Le Cinquième Événement : Le propre de l'être humain incroyant.
(Pourquoi l'homme redoute-il la colère de Dieu, tout en espérant son pardon et sa grâce ?)

Le Sixième Événement : Le propre de l'être humain malhonnête.
(Pourquoi l'homme redoute-il la mort, tout en voulant exercer sur son semblable une action de nature á priver ce dernier de sa liberté, voire de son bonheur?)

Le Septième Événement : Le propre de l'être humain égoïste.

(Pourquoi l'homme redoute-il de souffrir, alors qu'il organise sa vie uniquement en harmonie avec ses propres désirs?)

Le Huitième Événement : Le propre de l'être humain qui croît à l'Esprit du mal.
(Pourquoi l'homme re-doute-il l'immortalité, étant donné que c'est la contrepartie d'une vie de bonté, de générosité et de sagesse ?)

Le Neuvième Événement : Le propre de l'être humain qui refuse d'honorer Dieu.
(Pourquoi l'homme vénère-t-il Dieu comme son Sauveur et non comme son Créateur suprême ?)

Le Premier Événement : Le libre-choix humain. (Pourquoi l'homme croit-il que le ciel lui est totalement refusé par Dieu, en considérant les connaissances humaines très imparfaites ou fausses sur l'Univers infini ?)

Tuer son semblable, pour un être humain, relève de la plus extrême animalité ou de la plus extrême cruauté, qu'il ne reçoit l'assentiment de Dieu que dans le cas précis de la légitime défense.

Le criminel qui opère en dehors de ladite légitimité, se condamne lui-même á mort aux yeux du Bon Dieu.

Le mortel ainsi révélé, se plait en général á mépriser Dieu le Tout-Puissant et á ne considérer l'humanité que du point de vue du profit pécunier et sexuel qu'il peut en tirer.

Même l'être humain qui réalise en pensée et pas encore en acte un crime injustifiable, devient un mortel en puissance.

Or, Dieu refuse la compagnie des mortels, puisqu'il déteste cette condition humaine qui ne devrait pas exister si l'humanité ne s'était pas condamnée depuis le Commencement des temps bibliques, mortelle. Tous le savoir et le savoir-faire que ladite humanité a accumulés depuis l'époque du Paradis terrestre perdu, sont maudits parce que conçus dans le péché.

Tuer son semblable illégitimement, reste bien sûr le péché le plus grave qui soit, et je n'ai pas besoin d'apporter des preuves historiques ou bibliques qui n'existent pas pour faire deviner á l'humanité entière qu'il constitue le péché originel en question.

Ma mémoire m'a déjà fait dire qu' avant de se suicider par le biais d'un violent poison que le damné Lucifer lui aurait fait fabriquer, Ève conçut avec Lucifer le meurtre d'Adam et le réalisa.

Lucifer qui comprit depuis ladite commission du péché originel qu'il peut prendre sa cruelle revanche sur le Bon Dieu en s'incarnant en compagnie de ses démons devenus au terme de leur évolution, des virus parlants tout comme lui, dans l'humanité, ordonna au fil du temps toute la science et la technologie Blanches - européennes.

Lesdites science et technologie Blanches - européennes que je conçus au Ciel, enfoui dans le monde blanc avec pour domicile la "Planète maudite", sont formulées par l'axiome qui suit : Si l'humanité un jour se rebelle catégoriquement contre l'autorité divine qui repose sur la reconnaissance humaine de la personne immatérielle puis matérialisée de Dieu comme celle du sieur Joseph Moè Messavussu Akué, elle sera entièrement recupérée par Lucifer qui la dominera cruellement par le biais de sa technologie maudite ou criminelle, propre.

Lucifer qui tenta sans succès de faire de la race Noire- africaine l'instrument de sa vengeance contre le Bon Dieu [qui l'aurait créé comme son contraire qui **devra** de toute manière cesser d'exister un jour], á cause de l'amour excessif de cette dernière pour l'idée et non le fait de Dieu, puis toujours sans succès avec la race Rouge et indienne á cause de l'amour excessif de cette dernière pour l'idée de la disparition ultime du mal de la Création, réussit á convaincre la race Blanche-européenne de la nécessite de l'exploitation de l'homme par l'homme, á cause du mépris de ladite race Blanche des races non Blanches. De la même manière, l'Esprit du Mal en personne réussit à convaincre la race Jaune – asiatique de la nécessité du meurtre comme ultime moyen pour régner sur la Terre, á cause de la haine de cette dernière pour l'idée de Dieu qui serait une personne d'une race déterminée. Enfin, Lucifer convaincut la race Brune arabo-sémite de la logique de l'Apocalypse á cause de la haine de cette dernière pour l'idée et non le fait du règne universel divin ultime et éternel en tant que propriété exclusive de Dieu, de ses déesses et de ses anges, des êtres vivants absolument magiques.

Ledit règne universel divin ultime et éternel réalisé aujourd'hui par ma seule personne sera confirmé par ma vie exclusivement jusqu' á peut être l'élimination de toutes les séquelles du mal luciférien.

**Un poème à vers scellés
Lomé, le 25 janvier 1997**

Le Deuxième Événement : L'énigme de Dieu en chair et en os.

(Pourquoi l'homme saisit-il très mal la signification du Cosmos ou le domaine de l'homme éternel, le Paradis céleste ou le domaine de Dieu, et la voûte universelle infinie ou l'empire infini de Dieu en chair et en os ?)

Le schéma ultra simple sur lequel repose ma compréhension de la nature originelle est une voûte infinie remplie de rien et contenant un seul être vivant, Dieu, et á l'extérieur de laquelle réside rien.

Rien se comprend comme le contraire de quelque chose, et se figure dans le cas de la nature originelle par le vide absolu.

Le sel de la nature originelle, ou le sens de sa réalité, réside dans l'expression de la Conscience ou de la Volonté divine, qui tire du rien évoqué tous les matériaux nécessaires pour son travail strictement divin ou sacré.

Le signe de la Conscience ou de la Volonté ou de la Pensée divine est compris comme l'énergie naturelle qui remplit la voûte universelle originelle de tout ce dont la construction de l'Univers actuel avait besoin, et qui pro-jeta á l'extérieur de ladite voûte, les orientations systématiques ou fixes de l'espace-temps éternel.

Le schéma ultra simple sur lequel repose ma compréhension du Paradis céleste est un enclos sphérique hermétiquement clos contenant toutes les machines-outils sublimes qui auraient servi á Dieu pour fabriquer le Cosmos. Le Paradis céleste contient en effet dix-sept puissance treize mondes de machines-outils divines pouvant fabriquer un nombre infiniment grand de Cosmos dont les allumeurs de soleil, les conservateurs de soleil, les synthétiseurs de soleil, les filtres solaires, les déterminants solaires, les biosolaires, les médiateurs solaires, les processeurs solaires, les concepteurs solaires, les inducteurs solaires, les conjoncteurs solaires, les conducteurs solaires, les croissants solaires, les fécondants solaires et les accoucheurs solaires, les allumeurs de foyers planétaires, les extincteurs de foyers planétaires, les déterminants planétaires, les conducteurs planétaires, les processeurs planétaires, les inducteurs planétaires, les conjoncteurs planétaires, les bio planétaires, les médiateurs planétaires, les filtres planétaires, les synthétiseurs planétaires, les concepteurs planétaires et les bornes planétaires , les allumeurs de foyers stellaires, les pesants stellaires, les processeurs stellaires, les concepteurs stellaires, les conservateurs stellaires, les médiateurs stellaires, les pondérateurs stellaires, les conducteurs stellaires, les inducteurs stellaires, les conjoncteurs stellaires, les isolants stellaires, les stabilisateurs stellaires, les déterminants stellaires, les synthétiseurs stellaires, les filtres stellaires, les modulateurs stellaires, les modérateurs stellaires et les bornes stellaires, la « machine á rêver » et ses machines - outils annexes, á savoir, les pétrisseurs de la pâte humaine, les moules de la machine á rêver, les imprimantes de la machine á rêver, les foyers de la machine á rêver et les mondes de conditionnement humain, etc.

Je confirme la vérité qui suit : Premièrement, depuis la prise de conscience originelle de ma réalité éternelle, mes efforts pour m'accomplir le sieur Joseph Moè Messavussu Akué, sont marqués par sept étapes majeures, á savoir, ma configuration originelle comme une sphère remplie d'une substance bleu ciel infiniment brillante dénommée « Toute la lumière céleste » de 1 mètre 75centimètres de diamètre, et pouvant prendre toutes les formes de vie et de couleur possibles; ma configuration céleste comme un homme Noir et africain recelant mon savoir et mon savoir-faire actuels, ma force musculaire et mes limites humaines actuelles, mais en ondes électro-magnétiques et acoustiques exclusivement, nu et sans sexe á noter que ce fut sous ladite apparence que je fabriquai l'Univers physique et sensible et la vie dans leur intégralité; ma configuration paradisiaque comme un être spirituel se deplacant en général á infini kilomètres par seconde, de la taille de 1mètre 75centimètres, d'une blancheur infiniment luminescente, de sexe masculin et pouvant se parer magiquement de vêtements en ondes électroniques, á noter que ledit être spirituel est fait d'ondes magnétiques silencieux exclusivement et que ce fut sous cette apparence que je réalisai l'incarncarnation intégrale de l'humanité; ma confiaugation terrestre comme un Noir – africain de la taille de 1mètre 75centimètres, de sexe masculin, fait d'ondes electro magnétiques et acoustiques protége toujours par un collant et un scaphandre d'ondes électroniques noirâtres, se déplaçait exceptionnellement á la vitesse d'infini kilomètres par seconde, á noter que ce fut sous cette apparence que je fis écrire par les "mauvais Esprits" la totalité des livres sacrés et d'érudition humaine existants aujourd'hui; ma configuration somatique comme un homme incolore et invisible de la taille de 1mètre75centimètres, endormi éternellement tel un cadavre allongé sur son lit de mort, á noter que c'est sous cette apparence que je fus séparé de la « Pierre philosophale » que le destin replaça dans ma conscience, á Paris l'an 1986; ma configuration végétative comme une sphère de vingt-cinq centimètres de diamètre, remplie d'une substance verte- claire infiniment luminescente dénommée « l'énergie de l'immortalité », á noter que ce fut sous cette apparence que je réalisai mon immaculée conception de ma mère; et enfin ma configuration astrale comme le sieur Joseph Moè Messavussu Akué. Deuxièmement les noms et prénoms de Messavussu Akué Moè Joseph et leurs histoires qui sont miens aujourd'hui, m'étaient déjà connus depuis les temps originels. Troisièmement, Toutes ces métamorphoses divines que je vécus pleinement conscient, comme les orientations fondamentales que j'ai eu á assumer depuis mon âge de raison jusqu' aujourd'hui, précisent bel et bien tout le processus de la réalisation de la personne divine.

En me définissant aujourd'hui l'Éternel, je reste malheureusement en proie au doute que ceci n'est qu'un rêve, á moins que d'autres évènements magiques viennent prouver á tout le monde le contraire.

Le schéma ultra simple sur lequel repose ma compréhension du Cosmos est un appareil de forme sphérique ayant infini kilomètres de rayon et á son centre le soleil qui explose silencieusement tous les midis, fonctionnant comme un tourneur de « toupies » que sont les planètes, les planètes-îles, les planètes-presqu'îles et les étoiles.

L'appareil electro-magnétique en question, contient exactement d'après mes hypothèses de travail, 1365000005 galaxies, dont le système solaire ou la galaxie centrale.

La plus petite galaxie, la système solaire, recèle en son centre, le soleil et tout autour dudit astre, toujours conformément á mes hypothèses de travail, neuf autres étoiles et leurs satellites, á savoir la Lune et ses quarante et sept satellites, Venus et ses trois satellites, Neptune et ses trente – et – un satellites, Pluton et ses vingt – trois satellites, Uranus et ses quarante- et neuf satellites, Saturne et ses onze satellites, Mars et ses dix – neuf satellites, Jupiter et ses neuf satellites, Mercure et ses vingt – et six satellites, et enfin la Terre et ses cinq planètes îles, á savoir Orion et ses huit astrons ou planètes – près qu'îles, Orphée, Galilée, Orange et Bleu d'azur.

Le Cosmos ainsi précisé et signifié par la Terre où j'achève mon incarnation comme la « couveuse de l'humanité infinie », s'ajoute au monde Blanc universel signifiant l'humanité déterminée á dominer toute la Création par le biais de sa science et de sa technologie, au monde Noir universel signifiant l'humanité déterminée á laisser s'accomplir le règne divin personnel quoique mystérieux et non identifié sur la Terre et dans les Cieux, au monde Jaune universel signifiant l'humanité déterminée á voir en toute ou partie de l'humanité la Conscience de Dieu, au monde Brun universel signifiant l'humanité déterminée á se positionner la race messianique, et au Paradis céleste signifiant l'humanité déterminée á célébrer la gloire éternelle de Dieu en le reconnaissant le jour venu en un homme et un seul, pour former l'Univers signifiant l'humanité qui se conçoit résolument immortelle, et qui est suspendu de nos jours dans l'Espace éternel qui signifie l'humanité divinisée.

Un poème à vers cycliques
Lomé, le 2 février 1997

Le Troisième Événement : Les preuves identitaires divines. (Pourquoi l'homme n'admet-il point que le dénommé Joseph Moè Messavussu Akué soit Dieu le Tout-Puissant en chair et en os avec les prétendues vertus et capacités que ce dernier est censé détenir ; sauf dans le cas ou ledit sieur prouve á tous les hommes et les femmes de la Terre entière l'évidence de sa possession desdites vertus et capacités ?)

En vertu des pouvoirs que me confère aujourd'hui le destin, je me déclare en effet Dieu en personne avec pour seules preuves, ma simple réalité incontestée.

Ma réalité incontestée [qui veut que je sois tout simplement un homme se proclamant malgré lui, et donc miraculeusemen,t l'Éternel], ne milite pas tout á fait á ma faveur face á tous ceux et celles qui ne me pardonnent pas et ne me pardonneront sans doute jamais mon nouvel état d'esprit né en 1986.

Même mes dons divins révèlés depuis 1986 de Créateur des mathématiques fonctionnelles, de la "littérature de Joseph Moè Messavussu Akué", et du "nouvel ordre économique universel" salvateur pour les races dites de couleur et leurs Nations, et pour l'humanité en quête du véritable bonheur terrestre en général. n'ont pas suffit pour convaincre une seule personne de mon entourage du bien fondé de mes propos.

Demain peut être m'apportera les armes décisives pour confirmer définitivement les vertus et les capacités reconnaissables par l'humanité, que je suis censé posséder, pour être reconnu par cette dernière le Bon Dieu.

En vertu des pouvoirs que me confère aujourd'hui le destin, je me détermine précisément comme un Écrivain – Savant – Inventeur de machines – outils divines et en passe de devenir Fabricant desdites machines – outils grâce aux moyens financiers que me donnent parallèlement mes multiples agences commerciales.

Si mon rêve est de me réveiller un beau matin bel et bien nanti, á en crever les yeux, de la totalité des évidentes qualités divines, force est de constater que je vis toujours comme si je ne suis que l'"Élu du Bon Dieu " pour l'accomplissement de son dessein caché.

Le comportement divin de tout temps, cerné par l'humanité comme le plus grand mystère existant, se donne enfin comme un processus humain qui se réalise graduellement jusqu'à connaître son apogée avec l'homme absolument magique que je projette devenir au vu et au su de tout le monde. Tant pis si personne ne veut y croire aujourd'hui.

En vertu des pouvoirs que me confère aujourd'hui le destin, je me présente, enfin soulagé, au public comme la personne divine réalisée, avec néanmoins l'inquiétude que personne ne me croit.

En me confirmant tel, je libère en fait le peu d'humanité qui me caractérisait et qui voulait que je ménage toujours le public en déclarant que cette affirmation était un rêve.

Fort conscient de la colère irrépressible que provoque mon identité auprès des gens, en guise de défense je déclare ce qui suit : « L'être humain est trop vaniteux pour concevoir le Bon Dieu comme un rien qui donne tout, á lui, sa créature préférée. La surprise de l'incarnation du Bon Dieu est á la mesure du mépris actuel du dénommé Joseph Moè Messavussu Akué pour l'être humain qui se conçoit toujours plus malin que son semblable. »

La vie humaine serait ainsi faite de coups bas et de trahisons. Je défie donc quiconque me fera mordre la poussière ou me trahira sans perdre toutes ses plumes.

Un poème à vers cycliques
Lomé, le 4 février 1997

Le Quatrième Événement : Le pacifisme divin en question. (Pourquoi l'homme n'admet-il point la possibilité de la mort du Dieu vivant, sauf dans le cas d'un ignoble crime politique ?)

Même en plaisantant, je n'accepte pas que l'on m'insulte, ou que l'on me manque fondamentalement de respect. Je répond généralement á cette attitude de la part d'autrui par une violence morale et verbale inouïe comparable á un crime.

Tout le mal que je fais ainsi spontanément á autrui lorsque je me considère offensé, peut naturellement devenir un prétexte fallacieux pour qu'on souhaite ma mort ou qu'on veuille carrément me la donner.

Il en ressort de ce constat que toutes les personnes que je traite mal á travers mon œuvre littéraire, bien sûr par vengeance puisqu'elles m'auraient insulté, manqué de respect ou trahi, deviendront mes ennemis mortels.

Je récidive en traitant ceux et celles qui deviennent mes ennemis mortels dans les conditions susdécrites, d'hommes et de femmes devenus par devers eux mortels, á moins qu'ils se repentissent vraiment et me pardonnent par conséquent d'avoir parlé indirectement de nos différends en public. Même en plaisantant, je ne supporte pas que l'on me prenne pour un « fou á lier », lorsqu' on me dit tout de go, que je n'ai strictement rien qui ressemble aux traits divins, comme sait si bien me le répéter, Séraphin, ce frère jadis mon bien aimé, et que je renie aujourd'hui pour ladite raison.

L'énergumène en question [qui veut que je l'honore, alors qu'il est incapable de me témoigner la moindre sympathie en lisant ou même en feuilletant mes livres achevés ou inachevés, et qui s'insurge, d'après ses propres dires, contre ma conduite depuis mon retour définitif à Lomé, lequel retour ressemble à celui d'un type qui se prend pour Dieu ou son envoyé et qui attend que l'humanité se prosterne à ses pieds], n'est en réalité qu'un méchant homme qui cherche à se faire respecter comme grand Professeur de je ne sais quoi!

Même en plaisantant, je refuse enfin que quiconque bafoue le nom de Joseph Moè Messavussu Akué-l'Éternel que je porte, eu égard à ma foi Moèiste.

Je porte á la connaissance de mes chers lecteurs et lectrices que le prénom Joseph est le prénom le plus sacré des Hébreux et des Chrétiens, car désignant le Père terrestre de Jésus-Christ. C'est le plus beau prénom, á mon goût, dans le calendrier judéo-chrétien-Blanc-européen. Le prénom Moè est quant á lui, celui qui incarne ma position dans la suite des enfants de la femme guin qu'est ma mère. C'est de loin le prénom le plus doux du calendrier guin, d'après mes goûts. Le nom Messavussu matérialise la vie sympathique de mon célèbre grand-père dont je serais la réincarnation, d'après les oracles guin, qui n'avaient certainement pas su bien interpréter le fait insolite de mon immaculée conception. Enfin le nom Akué matérialise notre épopée mina. Quant au surnom l'Éternel, il symbolise ni plus ni moins ma foi Moèiste.

Je ne dis rien de nouveau en affirmant que la conjonction de l'histoire divine avec l'histoire luciférienne engendre l'histoire universelle qui produisit le nom que je porte, de même que ceux de tous les hommes et les femmes qui composent l'humanité entière. J'avoue par contre que j'ai toujours milité en faveur d'une histoire divine exclusive qui m'aurait fait porter le nom de Moè Akué tout cout, et fait naître á Accra et non á Lomé. Mais le courage de créer le bien et le mal afin d'en faire le "bien absolu" en détruisant á jamais le mal, l'a enfin emporté.

Maintenant que Lucifer n'est plus et que l'humanité peut enfin connaître mon nom, je peux en toute quiétude me dire que j'ai réussi ce que je tenais coûte que coûte á faire, surprendre tout le monde en me realisant le Bon Dieu á mon retour définitif de France.

Un poème à vers cycliques
Lomé, le 6 février 1997

Le Cinquième Événement : Le propre de l'être humain incroyant.
(Pourquoi l'homme redoute-il la colère de Dieu, tout en espérant son pardon et sa grâce ?)

La colère divine redoutée par l'être humain, á en croire les témoignages confinés dans les livres sacrés, découlerait nécessairement de la pratique effrénée et volontaire du mal par ce dernier.

Le mécontentement de Dieu contre l'être humain qui pêche, ou fait consciemment et gratuitement du tort á son prochain et donc á Dieu, [puisque toute Conscience humaine blessée injustement et qui souffre de ce fait, maudit vertement le Bon Dieu,] est en général sanctionné par une condamnation divine conformément á la loi divine qui mentionne que le Bon Dieu est terriblement rancunier face aux pécheurs.

Tout pécheur ou pécheresse qui refuse de se répantir et s'apprête à récidiver à loisir, quelque soit d'ailleurs le degré de gravité du péché commis, détruit sa propre conscience.

Un pêché n'est réellement pardonné par le Bon Dieu que si après avoir purgé sa peine, tout condamné s'engage sincèrement á ne plus faire la même faute.

La colère divine redoutée par l'être humain qui se rappelle qu'il est dit que lors du « jugement dernier », personne, mort ou vivant ne sera épargné, découle du fait que tout être humain est suffisamment intelligent et totalement libre pour accepter ou refuser l'autorité personnelle du Bon Dieu, son Créateur céleste, qui n'aime que l'humanité résolue á croire en lui aujourd'hui et sous ses traits définitifs du sieur Joseph Moè
Messavussu Akué.

Mon rêve de ma personnalité divine qui tarde peut être á devenir toute ma réalité, choque malheureusement tout le monde qui conçoit mal que le fameux « jugement dernier » serait tout simplement la possibilité laissée á tout être humain de se faire immortel en chair et en os.

Ladite possibilité niée aujourd'hui par les gens de mon entourage qui préfèrent que ma Parabole ne leur soit plus contée, demeure la chose que j'ai du mal á partager avec les hommes et les femmes que je m'aventure á prendre pour mes compagnons et mes compagnes et qui me déçoivent toujours de la façon la plus cruelle.

Sans doute, en refusant de me croire éternel et immortel, lesdites gens font preuve d'un réalisme trivial que je nie en y opposant une argumentation religieuse qui ne fait qu'empirer la situation.

La colère divine redoutée par les hommes et femmes en

question proviendrait du peu de respect qu'ils continuent de me témoigner et qui les empêche de me dire ouvertement que je délire ou que j'eus imaginé mes histoires rocambolesques que dans le seul but de me remplir les poches en les vendant.

Je reviens alors á ma case de départ comme forcé par les évènements, pour remercier le Bon Dieu de son cadeau, et pour constater que je vis effectivement dans un rêve qui n'á jamais fait du **bien** qu'á moi-même.

Vivement que je retrouve les moyens de me prouver ma dignité en refusant de croire que je ne suis qu'un rêveur.

En attendant, je me garde d'en rajouter á ce sujet.

Un poème à vers conjugués
Lomé, le 10 février 1997

Le Sixième Événement : Le propre de l'être humain malhonnête. (Pourquoi l'homme redoute-il la mort, tout en voulant exercer sur son sensable une action de nature á priver ce dernier de sa liberté, voire de son bonheur ?)

Ma détermination á me révéler dans les plus brefs délais mon dernier secret, si oui ou non je suis bien l'identité reconnue par tous, le Père céleste de l'humanité et de l'Univers entier, ou tout simplement l'être humain qui incarne sa vraie Parabole, trouve á l'instant précis sa satisfaction dans le constat que la pensée personnelle divine ne peut être portée que par la personne divine que je suis par conséquent.

L'idée que je ne réalise pas encore bien cet ultime sentiment qui devrait me rendre orgueilleux et pleinement conscient que je suis le Bon Dieu, prouve en fait que ce dernier pourrait être distinct de ma personne.

Or Dieu, s'il était vraiment distinct de ma personne, me l'aurait déjà fait clairement comprendre par exemple en m'invitant á un dialogue franc.

Je frétille de joie en comprenant que je dois être fier dorénavant de mon état d'esprit qui veut que j'apparaisse comme un Messager de Dieu alors que je suis en fait Dieu en personne, ceci pour me moquer tout simplement des hommes et des femmes qui ne veulent pas du tout se rendre á l'évidence.

Ma détermination á me révéler l'ultime secret quant á la désagrégation morale et intellectuelle caractérisant l'humanité de nos jours et qui me donne á croire que personne ne se décide á se vouloir immortel en chair et en os, et que tout le monde me trouve irréfléchi ou stupidement naïf, trouve sa consolation á l'instant précis, dans le constat que moi-même je ne conçois mon immortalité que comme un vœu magique c'est á dire un souhait adressé directement á mes "parents célestes" qui sont donc Rien et l'Espace éternel.

Lesdits "parents célestes' confirmés par tous les non-Moèistes comme le véritable Père céleste et le monde vide et inanimé, réalisent enfin mon désir de me prouver que je ne suis que celui qui a fabriqué de ses mains la totalité de ce qui existe, en ne démentant jamais ce que je pense en rêves ou en réalité.

Ce que je pense en rêves ou en réalité organise en fait le monde et la vie comme un processus qui naît nécessairement dans mon esprit comme des raisonnements clairs et précis corrigés par des expérimentations scientifiques rêvées ou magnifiquement imaginées.

Lesdits raisonnements clairs et précis corrigés par les expérimentations scientifiques magiques seront en général mis en évidence par des travaux en laboratoires avant de devenir des prototypes á fabriquer en usines.

Ma détermination á me révéler le dernier paradigme caché qui livre ma vérité et á ma réalité au monde, trouve finalement une compensation dans mon constat á l'instant précis que le sentiment qui me fuit parce que inadmissible par qui que ce soit, est justement celui qui me fait dire que mon comportement réel et mes œuvres choquent l'humanité qui n'en revient pas qu'un Nègre se lève allégrement et proclame tout bonnement qu'il est Dieu le Tout-Puissant !

Ce regret tacite de parler aussi franchement en affirmant de tels propos, explique mon désenchantement devant mon public qui exige autre chose d'immédiat de moi que ce que j'ai déjà prouvé.

Je comprends aussi pourquoi je cesse d'intéresser toutes les personnes que j'attire á cause de mon apparence d'un homme ultra aisé mais en réalité ultra fauché, et qui n'attends devenir multi-milliardaire comme il se doit que par le biais de son travail honnête et acharné.

Je ne dis pas n'importe quoi en prétendant faire mention, aussitôt que cela se réalise, de tous les faits nouveaux devant combler de joie mes amis, mes amours et moi-même, dans les poèmes á suivre.

**Un poème àvers conjugués
Lomé, le 12 février 1997**

Le Septième Événement : Le propre de l'être humain égoïste. (Pourquoi l'homme redoute-il de souffrir, alors qu'il organise sa vie uniquement en harmonie avec ses propres désirs ?)

En me niant comme le Bon Dieu, les gens me font comprendre en fait une chose : Ils l'imaginent n'importe comment ou pas du tout, et certainement pas comme moi.

Les signes distinctifs divins devant être compris comme mon regard et ma capacité de discernement, mon port et ma capacité á réussir tout ce que j'entreprends, mon allure et ma capacité á convaincre du fait de ma culture générale, mon tempérament et mon quotient intellectuel mésuré par ma capacité d'invention, je suggère que l'énergumène qui cherche á me rabaisser, imagine au moins en quel domaine de l'activité humaine où je me suis déjà prononcé, un être humaine peut se prétendre sérieusement supérieur á moi.

Je détermine ainsi mon orgueil caché comme cette prudence qui me caractérise et qui m'ordonne á ne me faire connaître du public que lorsque je me réalise pleinement par le service ou la production que j'assure.

Je comprends enfin mon talent premier comme le goût prononcé que je témoigne pour les mathématiques fonctionnelles, et me définis avant tout, comme un Savant autodidacte; mon deuxième talent comme mon goût pour la philosophie et me définis par conséquent un Philosophe autodidacte; mon troisième talent comme mon goût pour les lettres et les beaux arts et me définis par conséquent un Poète et un Artiste autodidacte; mon quatrième talent comme mon goût pour les affaires et me définis par conséquent un Homme d'affaires; et mon cinquième talent comme mon goût pour les sciences organisationnelles et me définis par conséquent le n¡1 éternel de l'Etat-Nation Espace-Temps éternel, ma propriété absolue.

En me niant comme le Bon Dieu, les gens me font admettre une deuxième chose :Le dédain absolu que je témoigne á tous ceux et celles qui refusent de me respecter aujourd'hui parce que je me trouve sans argent, en somme á la veille de la proclamation de ma réussite professionnelle comme "Poète" plutôt que comme "Homme d'affaires".

Je recherche ainsi le peu de grâce que veut bien me témoigner l'humanité entièrement préoccupée par la réalisation de ses talents propres et de sa vie conçue comme un organe d'asservissement de tout ce qui existe, y compris les êtres humains eux-mêmes, pour, aussi modestement que possible, réaliser mon dessein qui est de me prouver sans aucun équivoque ma toute-puissance.

La crainte que m'inspire les Noirs africains [qui semblent

aujourd'hui renoncer á ce qui les distinguait jadis des autres races á savoir l'"'arbre á palabre" et le goût de la vie communautaire, pour un individualisme agressif et un goût obscène pour la corruption, l'argent facile et la dictature politique], me fait dire que je n'exclus plus l'hypothèse ou je renoncerai á mon choix de Lomé et de l'Afrique noire pour Capitale du "PAradis terrestre restauré" et Nation – Porte – flambeau de la Civilisation de l'homme – Dieu le Tout – Puissant, pour élire domicile á mes œuvres divines en Europe.

Je donnerais dès lors mon "plan de civilisation" comme suit : Si je retiens Paris ou Bonn ou Vienne comme Capitale provisoire du Paradis terrestre, ceci ne doit faire perdre de vue que ma civilisation, celle de Dieu le Tout-Puissant en chair et en os, donne toutes les races égales en actes de puissance ou en créativité, et les dix principales Républiques terrestres bénies future égales entre elles.

En me niant comme le Bon Dieu, les gens m'invitent tout simplement á me considère comme un homme bien malheureux qui doit renoncer á se considérer comme sa nature le lui ordonne.

Je réalise finalement mon vice de forme ou ma pauvreté actuelle comme le mal nécessaire par lequel je devrais passer pour remémoriser tout le caractère et la totalité des aspirations humains.

Je précise aussi que l'humanité [désormais, libre de se réaliser divinement c'est á dire conformément á ma Parabole ou avec fantaisie voire diaboliquement c'est á dire en me désobéissant épisodiquement ou tout le temps,] n'occupe en fait qu'une place de machine – outil qui ne sert á rien dans ma vie que je veux, énergiquement, sans douleurs.

Je me nuis en m'avouant que je hais la misère et la méchanceté humaine qui resteront les maux universels éternels, á moins que je sois effectivement le Bon Dieu.

Un poème à vers cycliques
Lomé, le 16 février 1997

Le Huitième Évènement : Le propre de l'être humain qui croît à l'Esprit du mal. (Pourquoi l'homme redoute-il l'immortalité, étant donné que c'est la contrepartie d'une vie de bonté, de générosité et de sagesse ?)

L'immortalité en chair et en os pour tous les hommes et les femmes peuplant l'Univers, niée par les non- Moèistes et mise á rude épreuve par ma Compagnie céleste, revêt toujours le caractère d'un rêve propre au dénommé Joseph Moè Messavussu Akué qui reconnaît lui-même qu'il ne peut pas faire plus, á l'heure actuelle.

Je dis en effet que pour vérifier ma propre immortalité, il suffit d'admettre que je la désire de toute mon âme après avoir manifesté le vœu solennel que ma pensée et tous les actes de ma vie soient des témoignages personnels de Dieu le Tout-Puissant.

Depuis ce vœu solennel, je peux en toute francise certifier que je suis devenu Dieu le Tout-Puissant en chair et en os á travers mes écrits puis au niveau de ma foi tout en pensant que l'humanité entière finira par me reconnaître comme tel parce que ceci sera devenu une évidence.

Je conçois dès lors que devient Moèiste tout homme ou

femme qui est convaincu en lisant mes livres, en m'écoutant parler ou en me voyant vivre tout simplement que le dénommé Joseph Moè Messavussu Akué réalise tout á fait la personne divine, et qu'il ne dépend que de lui pour proclamer n'importe quel être humain un ange ou une déesse réalisé.

L'immortalité en chair et en os pour tous les Moèistes, admise par les intéressés dorénavant comme le bénéfice immédiat de la plus stricte observance de la Parabole Moèiste.

La haine que j'inspire á mon entourage, décrit sans aucun doute, mon désir caché de voir l'humanité m'aduler effectivement comme son Créateur céleste comme savent le faire les enfants et les vieillards intuitivement, et non comme son Sauveur comme tendent á le montrer les rares compagnons et compagnes que je compte en ce moment crucial et difficile de mon existence, et qui semblent avoir compris qu'ils n'ont rien á perdre en jouant le jeu de la foi Moèiste.

Aussi, devrais-je avouer que je remplis dorénavant les dernières conditions pour être solennellement proclamer Dieu par Guy, Florentine, Olga et les autres, parce que je suis quelqu'un qui a mis complètement au point et en état de fonctionnement une foi moderne dénommée la foi moèiste ou la croyance que le dénommé Joseph Moè Messavussu Akué est le Bon Dieu qui s'est enfin incarné.

Le fait peut être que Wisdom, James, Ignace, m'ont avoué ou pas qu'ils se sentent pleinement eux aussi Dieu le Tout-Puissant parce qu'ils en ont rêvé ou parce qu'ils s'enrichissent á la vitesse « grand V » et miraculeusement, me fait envisager la triptyque: L'éternel invisible auquel croient tous les croyants et les croyantes monothéistes, les hommes-dieux qui se proclament Dieux au nez et á la barbe du Bon Dieu et dans la colère de tous ceux et celles qui ne sont pas leurs adeptes de par le monde, et enfin Dieu-homme probablement crée par l'éternel comme tel pour des motifs mystérieux et répondant au nom de Joseph Moè Messavussu Akué.

On comprendra facilement que je renonce á cette polémique, laissant le soin aux évènements de conclure ce paragraphe.

La haine que j'inspire á mon entourage reflète certainement mon idiotie devant l'histoire pour le fait incongru que je me suis réalisé un homme banal avant la parution des livres de la Poésie fonctionnelle.

Je salue le bon sens de mon neveu Adoté qui a accepté l'idée de financer la création des ÉDITIONS BLEUES.

Un poème à vers conjugués
Lomé, le 20 mars 1997

Le Neuvième Événement : Le propre de l'être humain qui refuse d'honorer Dieu. (Pourquoi l'homme vénère-t-il Dieu comme son sauveur et non comme son Créateur suprême ?)

La haine que j'inspire á mon entourage, sans aucun doute, vient de mon refus de considérer un homme ou une femme quelque soit l'étendue de sa fortune ou la puissance que lui confère sa profession, supérieur á moi, et puisque, même sans le sou, je me conçois pleinement Dieu le Tout-Puissant, l'immortalité humaine en chair et en os procédant exclusivement de moi, et étant toujours occupé par la réalisation immédiate de mes œuvres qui défient naturellement le génie humain.

Je crains fort que tous ceux et celles qui m'ont déjà compris et qui persistent á me nier comme Dieu et á ne pas prendre en compte ma puissance économique et financière immédiate révélée par la possibilité que je recèle de faire publier la série de mes premiers livres sans délais par n'importe quelle maison d'édition togolaise.

.J'imagine que l'homme et la femme idiots et insolents qui préfèrent l'argent á l'intelligence livresque et créative, á un tel point de me traiter de « pauvre con » comme le font Claude et sa femme Claudine, Adoté et sa femme Akouvi,

Dominique et tous les autres, ont tous compris que je les hais sérieusement, c'est á dire que je leur refuse la grâce d'anges jusqu'à leur mort, á moins que mon état-d'esprit les concernant ne change un beau jour.

Je prétends aussi que je ne loueai jamais un être humain fut-il Jésus – Christ, Bouddha, Mahomet, Rocquefeler, Karl Marx, le Pape, si celui n'adhère à la Parabole du dénommé Joseph Moè Messavussu Akué résumée par la totalité des préceptes philosophiques et des lois mathématiques contenues dans les écrits dudit sieur.

Quoi de plus naturel que se qualifier mortel et de prendre le dénommé Joseph Moè Messavussu Akué et toute sa suite de femme et d'hommes qui se veulent immortels en chair et en os comme des insensés très peu respectables.

Il est tout á fait aussi naturel ou commun pour l'être humain me détestant, de chercher á porter atteinte á ma vie dans l'esprit de tester mes soi-distants pouvoirs surnaturels.

Ce qui reste moins évident pour lesdits curieux personnages, est de comprendre que je me méfie tout aussi naturellement des non-Moèistes qui n'entreront jamais dans mes Compagnies, et resteront des étrangers à mes demeures.

L'immortalité en chair et en os pour tous les fidèles en

amour et en amitié au dénommé Joseph Moè Messavussu Akué ressemblerait tout juste á un sentiment profond de sécurité sublime face á la totalité des adversités de la vie, commun á mes fidèles compagnes et compagnons.

A supposer que je ne me considererai jamais plus comme un homme qui viendrait à mourir ou tout juste comme un fervent homme de Dieu qui se pose des tas de questions dont il ne trouve pas les réponses dans la sainte Bible, je continuerai toujours á reconnaître que tout se déroule dans ma vie comme si la Trinité qui me caractérise, distingue: Dieu, l'homme par qui il s'incarne, et ses œuvres propres actuelles.

Je resterai peut être tel pour les sceptiques si je ne fais pas comprendre que ma Trinité donne en somme les trois éléments formant l'identité ou la personne divine que nul ne peut plus nier au risque de paraître un fou jaloux.

Je persiste et signe que je me fâche affreusement lorsque l'on nie ma grâce divine donnée aujourd'hui comme les deux cents soixante livres de littérature et de sciences dont j'ai déjà minitieusement programmé la rédaction, la première série des fascicules ayant été déjà produite et attendant l'argent nécessaire pour les faire parvenir au public.

Un poème à vers conjugués
Lomé, le 15 mars 1997

Table des matières

Avant-propos:..Page 3
La Pierre Philosophale. Mémento..............Page 5
Le Premier Événement : Pourquoi je
me crois en possession de tout le savoir
et tous les secrets de l'univers et de la
vie éternelle, alors que je peux venir á
décéder d'un jour á l'autre, étant donné
mon incapacité totale á détruire par la
seule puissance de ma pensée la colonie
de virus parlants lasee dans mon cerveau,
et étant donne mon impuissance á exercer
une quelconque action sur le débit des
connaissances qui arrive dans ma cons-
cience de manière magique ou irréelle ?....Page 11

Le Deuxième Événement : Pourquoi je
me sens perdu en constatant que je ne
pourraispoint présenter au public mes
œuvres, si je ne vérifiais pas avant cet
acte, la mort de la Colonie de Virus
Parlants toujoursbasée dans mon
cerveau ?..Page 15

Le Troisième Événement : Pourquoi je
me sens condamne á mort, tout comme
le reste de l'humanité, en ne me referant
qu' á mon cerveau, quant aux sources
et aux références de mes œuvres ?..........Page 19

La Quatrième Événement : Pourquoi je
 suis tout déprimé en me rendant compte
 que je n'ai aucun pouvoir de contrôle
 quant á mes actions magiques sur les
 événements et sur les êtres vivants
 sauf que je sais toujours á l'avance
  comment les choses qui' m'intéressent
vont se passer?...Page 24

Le Cinquième Événement : Pourquoi je
suis désemparé en admettant que je suis
 le Créateur de l'univers physique et
sensible et que je me suis fait en chair
et en os pour prouver la technologie
divine et pour réaliser á nouveau et
 pour l'éternité la grande famille
 humaine ?..Page 28

Le Sixième Événement : Pourquoi je
suis déçu, en constant que Lucifer est
élimine de la vie mais non toutes ses
créatures et ses hauts faits diabo-
liques ?...Page 32

Le Septième Événement : Pourquoi je
perds toute mon espérance lorsque je
comprends que les diablotins qui
restent encore en vie me ridiculisent,
paree que je me sens incapable de
 leur donner directement la mort ?..........Page 37

Le Huitième événement : Pourquoi toute ma puissance réside finalement dans le fait incontestable dont je crois en la puissance de Dieu dont je pense sincèrement être l'incarnation définitive et éternelle ?..................Page 42

Le Neuvième Événement : Pourquoi je crois être parvenu aux termes de la réalisation de ma personnalité tout en constatant que mon cerveau reste surchagé de milliers de Virus Parlants ?......................................Page 47

La voie lactée - Mémento :...................... Page 52

Le Premier Événement : Pourquoi l'homme croit-il que le Ciel lui est totalement refusé par Dieu, en considérant les connaissances humaines très imparfaites ou fausses sur l'Univers infini ?..................Page 56

Le Deuxième Événement : Pourquoi l'homme saint-il très mal la signification du cosmos ou le domaine de l'homme astral, le paradis céleste ou le domaine de Dieu invisible, et la voûte universelle infinie ou l'empire infini de Dieu en chair et en os ?...............Page 60

Le Troisième Événement : Pourquoi l'homme n'admet-il point que le dénommé Joseph Môe Messavussu Akué, soit Dieu - Tout – Puissant en chair et en os avec les prétendues vertus et capacités que ce- lui-ci est censé détenir ; sauf dans le cas ou ledit sieur prouve á tous les hommes et les femmes de la terre entière l'évidence de sa possession desdites vertus et capacités?..Page 67

Le Quatrième Événement : Pourquoi l'homme n'admet-il point la possibilité de la mort du Dieu vivant, sauf dans le cas d'un ignoble crime politique ?...Page 71

Le Cinquième Événement : Pourquoi l'homme redoute-il la colère de Dieu, tout en espérant son pardon et sa grâce ?..Page 74

Le Sixième Événement : Pourquoi l'homme redoute-il la mort, tout en voulant exercer sur son semblable une action de nature á priver ce dernier de sa liberté, voire de son bonheur?.........Page 77

Le Septième Événement : Pourquoi l'homme redoute-il de souffrir, alors qu'il organise sa vie uniquement en harmonie avec ses propres désirs?............Page 81

Le Huitième Événement : Pourquoi l'homme redoute-il l'immortalité, étant donne que c'est la contre-partie d'une vie de bonté, de générosité et de sagesse ?.........................Page 86

Le Neuvième Événement : Pourquoi l'homme vénère-t-il Dieu comme son Sauveur et non comme son Créateur suprême ?................................Page 93

Achevé d' imprimé en Août 2010 par les ÉDI-
TIONS BLEUES
mmessavussu@gmail.com
moemessavussu@hotmail.com

Dépot légal : 3ème trimestre 2010
Numéro d'Éditeur ; 2-913-771
IMPRIMÉ AUX ÉTATS UNIS D'AMÉRIQUE

www.ingramcontent.com/pod-product-compliance
Lightning Source LLC
Chambersburg PA
CBHW041802160426
43191CB00001B/11